RÉFLEXIONS
SUR
LA MUSIQUE THÉATRALE,

ADRESSÉES

Au Rédacteur des articles OPÉRA dans le Journal de Paris.

La vérité & le bon goût n'ont remis leur sceau que dans la main du temps. Cette vérité doit retenir les Auteurs des Journaux *dans la plus grande circonspection*. Ceux qui rendent compte des ouvrages, doivent rarement s'empresser de les juger. Ils ne savent pas si le public, *à la longue*, jugera comme eux; & puisqu'il n'a un sentiment décidé & irrévocable qu'au bout de plusieurs années, que penser de ceux qui jugent de tout sur une lecture précipitée?

(VOLTAIRE, préface d'*Adélaïde du Guesclin*.)

A NAPLES,

Et se trouve A PARIS,

Chez LES LIBRAIRES qui vendent les Nouveautés.

M. DCC. LXXXI.

TABLE.

Fin de la Table.

AU RÉDACTEUR

AU RÉDACTEUR
DES ARTICLES
OPÉRA
DANS LE JOURNAL DE PARIS.

MONSIEUR,

PERSUADÉ que vos coopérateurs vous abandonnent entièrement le département dont vous êtes chargé dans leur Feuille, & qu'ils ne sont aucunement responsables de la manière dont vous remplissez la fonction qu'ils vous confient, c'est à vous seul que je crois devoir adresser des réflexions qu'il est, ce me semble, indispensable d'ajouter à celles de *Mélophile* (1). J'espérois me

(1) Voyez les Nos. 78 & 80 du Journal de Paris de cette année.

ſervir de la voie même de votre Journal pour les ſoumettre au jugement du Public, & la longueur de ma Lettre ne m'effrayoit pas : la place conſidérable que vous accordâtes jadis dans vos Feuilles aux très-prolixes Lettres de l'*Anonyme de Vaugirard*, ſembloit me donner des droits à votre complaiſance. Mais l'empreſſement que vous avez mis à étouffer bien vîte une querelle rallumée par vous-même, me force à prendre une autre voie.

Ne craignez pas que j'entreprenne de relever, comme je le pourrois, tout ce que votre réponſe à *Mélophile* contient d'inſidieux & de partial. Non, Monſieur, je n'examinerai pas s'il y a bien de l'adreſſe à dire que *la crainte d'offenſer les* partiſans éclairés *de M. Piccinni vous a preſqu'empêché de recevoir la Lettre de Mélophile.* Je ſuis très-perſuadé que vous n'oſeriez pas ouvertement refuſer de l'eſprit à *Mélophile;* &, quoique lui dire que la crainte d'offenſer des *gens éclairés* étoit un obſtacle à la réception de ſa Lettre, ſoit lui dire aſſez clairement qu'il eſt un *ſot*, je n'examinerai pas s'il eſt bien poli de traiter ainſi un homme qui, en vous faiſant les plus juſtes reproches, a cru devoir les adoucir par toutes les expreſſions de la politeſſe & de l'eſtime. Je ne veux, Monſieur, m'arrêter qu'aux faits. Il eſt à peu près indifférent au Public que vous mettiez plus ou moins de modération dans les articles que vous rédigez, mais il lui eſt eſſentiel de n'être pas trompé : ſans cet intérêt preſſant, je me hâterois de paſſer ſur ce qui vous concerne, & d'en venir d'abord à la queſtion qui fait le principal objet de ma Lettre.

Nous nous ſommes abſtenus, dites-vous, *de rendre compte des repréſentations de cet Opéra, pour ne pas être obligés d'annoncer qu'elles alloient* toujours *en décroiſſant.* Comme cette phraſe eſt éblouiſſante ! Quel effet elle produiroit, ſans un malheureux mot qui la gâte ! Sans ce mot *toujours*, la phraſe eût été un peu amphibologique, je n'aurois ſu dans quel ſens la prendre, & je n'oſerois pas vous accuſer d'avoir altéré un fait.

Les recettes d'*Iphigénie en Tauride* ont *décru*, j'en conviens, Monſieur ; mais elles n'ont pas *toujours décru :* elles ſe ſoutenoient à merveille, lorſque les principaux Acteurs, en abandonnant leurs rôles de la manière la plus ſubite, ont répandu dans le Public une indéciſion dont la recette a fini par ſe reſſentir. Quoique cette déſertion eût commencé beaucoup plutôt, il n'y a eu que les trois dernières repréſentations de foibles. A obſerver la conſtance du Public à venir entendre une muſique défigurée (1), il ſembloit que

(1) La perfection de cette muſique demandoit des talens ſupérieurs à celui de M. Laîné, & plus d'étude de la part de

l'on ne conjurât que contre lui : mais enfin, il n'a pu y tenir davantage. Les amateurs même les plus décidés de la nouvelle *Iphigénie* l'ont abandonnée, & l'indignation y a eu plus de part que le refroidiſſement. Un fait, Monſieur, qui vous ſera atteſté par dix mille témoins, c'eſt que cet Opéra, applaudi avec tranſport à toutes les repréſentations, ne l'a jamais été plus vivement & plus univerſellement qu'aux dernières fois qu'on l'a donné. Et vous oſez dire que le froid qui règne pendant les quatre actes en a écarté le Public, vous, Monſieur, qui n'ignorez pas que les chefs de votre parti ont daigné lui donner publiquement des éloges ; ce qui fit dire aſſez plaiſamment à quelqu'un, *timeo Danaos !* ..... vous, Monſieur, qui ne vous êtes peut-être abſtenu de rendre compte des repréſentations que dans la crainte d'annoncer qu'elles avoient le ſuccès le plus brillant ! Ah ! comme vous avez ſouffert pendant ſix ſemaines, & comme vous vous

---

M . Ste-Huberti. Ces rôles n'avoient pas été faits pour eux, & ils s'en ſont tirés de manière à redoubler encore l'humeur déja trop excitée par la déſertion des premiers Acteurs. Toutes les fois que l'Adminiſtration voudra ſe donner le plaiſir de faire tomber des ouvrages, fuſſent-ils de M. Gluck, fuſſent-ils *encore plus ſublimes*, elle n'a qu'à en conduire les repréſentations, comme elle a conduit celles de la nouvelle *Iphigénie*.

êtes dépêché d'écrire dès que vous l'avez pu!

Nous nous ſommes, dites-vous encore, *attiré de* juſtes *reproches de la part des Auteurs du* Seigneur bienfaiſant, *qui partageoient alors la ſcène...* Voilà ce que c'eſt, Monſieur, que de n'oſer dire la vérité; voilà à quoi s'expoſent ceux qu'elle bleſſe. Mais en parlant ſi humblement de ces *juſtes* reproches, pourquoi n'avoir pas prévu que ces Auteurs auroient l'honnêteté de vous déſavouer dans votre propre Feuille? Ils ont ſenti, comme tout le monde, l'indécence avec laquelle vous aviez rapproché leur recette de celle d'*Iphigénie;* cette indécence en effet ſaute aux yeux, & ils ont craint d'en partager le mérite avec vous. Ce procédé honnête eſt une leçon dont je ſuis perſuadé que vous profiterez à l'avenir.

Vous ſouvenez-vous, Monſieur, de l'oppoſition frappante qui ſe trouva entre votre premier & *unique* compte rendu de la nouvelle *Iphigénie*, & celui qu'en rendit le plus inſtructif des journaux, les *petites Affiches?* On en rit alors, & ce ne fut pas à vos dépens; dans ce moment vous étiez à-peu-près juſte. Mais les *petites Affiches* étoient plus conſéquentes & plus adroites que vous (1). Elles avoient prévu l'avenir; & main-

(1) Elles s'étoient ſi bien gravé dans la tête le ſyſtême qu'elles s'étoient fait alors de contredire le Public, que, peu

tenant, elles ne ſont pas obligées de ſe contredire elles-mêmes. Elles peuvent ſuivre leur rôle; elles peuvent donner pour un paſſage de Voltaire une phraſe qui n'a pu ſortir que du cerveau d'un Régent de collège, ou d'un faiſeur d'affiches (1) : on pourra s'en indigner; mais on ne les accuſera pas

---

après, & peut-être ſans y ſonger, elles annoncérent le triomphe complet de la *ſuite de Mirza*, qui venoit de tomber tout à plat la veille.

(1) Voltaire n'a jamais employé ces tournures gauches, *Qui ne ſait que.... Par quel uſage honteux faut-il que....* Ni Voltaire, ni aucun Auteur qui ſache ſa langue n'a jamais dit, *il eſt à ſouhaiter qu'il paroiſſe* quelque *génie aſſez* fort *pour* corriger *la nation* de *ces abus....* & lorſque je vis ſous le nom de Voltaire cette phraſe ridicule, je ne pus réſiſter à l'envie de vérifier la citation. Maintenant que je ſuis au fait, je prie très-inſtamment M. l'Abbé Aubert de déclarer l'endroit des ouvrages de Voltaire où il a pris, non le premier paſſage cité en lettres italiques dans le N°. 81 de ſes *Affiches* de cette année; car je l'ai trouvé, & il eſt vers le milieu du dernier *à linea* de la première partie d'une diſſertation ſur la Tragédie ancienne & moderne, adreſſée à M. le Cardinal Querini, & placée à la tête de *Sémiramis :* mais le paſſage qu'il a imprimé avec des guillemets, & qu'il a fait précéder de ces mots *: ajoute les réflexions ſuivantes.* Ce paſſage n'eſt ni dans cette diſſertation, ni dans aucune des diſſertations littéraires de Voltaire. Comme je pourrois n'avoir pas tout tenu, c'eſt à M. l'Abbé Aubert à nous dire où il l'a pris. Il doit ſentir la néceſſité où il eſt de le faire. S'il ne le fait pas,

d'inconſéquence ; on ne ſe moquera pas d'elles ; c'eſt tout ce que vous craignez, & c'eſt juſtement à quoi vous ne vous êtes que trop expoſé.

Diſtinction entre la muſique de concert, & la muſique de théâtre.

Changeons de ton, Monſieur ; & ſans ſonger à plaiſanter encore ſur les titres éblouiſſans que vous prodiguez à M. Gluck, tout en vantant votre impartialité, ſans remarquer que, ſi M. Gluck, que l'Allemagne même traite encore plus ſévèrement que moi, qui ſe voit tous les jours dans ſa patrie, analyſé, cenſuré, pourſuivi par des raiſons victorieuſes, & par des adverſaires auſſi ſenſibles qu'inſtruits (1), que ſi M. Gluck, dis-je, eſt un *grand homme*, & le *ſeul* qui ſoit digne de travailler pour le théatre, ſes rivaux ſont ce qu'il vous plaira, & n'ont dès-lors qu'à prendre le parti que vous n'avez pas encore oſé leur conſeiller ; paſſons tout de ſuite à votre fa-

---

je prie les lecteurs qui ont pu quelquefois être dupes de ces petites *gentilleſſes Gluckiſtes*, de s'en défier à l'avenir, & de décider quelle confiance mérite une opinion défendue par de pareils moyens. Mais que cela ne les ſurprenne pas. Un fabuliſte qui, dans une préface imprimée, n'a pas craint de ſe préférer à Lafontaine, a bien pu croire qu'il feroit prendre au public ſon miſérable ſtyle pour celui de Voltaire.

(1) Voyez les Journaux Allemands.

meuſe diſtinction entre la muſique de concert & la muſique de théâtre.

Ici, Monſieur, je crains bien que vous ne m'entendiez pas. Vous que l'on ne connoît que par les diatribes que vous lancez à tort & à travers dans votre Journal, qui n'avez jamais écrit que cela, qui ne ſavez pas une note, qui ne pouvez citer ſur cet objet que vos *ſenſations* (& quelles ſenſations ?) & qui oſez parler muſique, connoiſſez-vous aſſez les rapports des deux arts qu'il s'agit de combiner pour avoir une opinion à vous, pour mériter même qu'on vous réponde ? Ce que vous avez dit ſur la Lettre de *Mélophile* eſt ſi pitoyable, que je ne daigne pas m'y arrêter ; j'aime mieux m'adreſſer à un homme qui en ſait plus que vous, & dont vous ſerez forcé de reſpecter l'autorité.

Examen des *Obſervations ſur la Muſique* par M. de C....

Il parut, il y a près de deux ans, un ouvrage fait par un homme d'eſprit, qui certainement *ſait la muſique ;* mais que ces éloges ne vous préviennent pas en ſa faveur : car jouer du violon, ſavoir même, *à peu près*, de quelles notes ſera compoſée la baſſe d'un chant, ne ſuffit pas pour analyſer avec ſuccès les moyens de l'art ; ſur-tout ſi cet homme ne ſe ſert que de ſon eſprit pour traiter d'un art qui ne parle qu'au cœur, ſurtout ſi ſon eſprit fait tort à ſon jugement, & ſi l'envie de faire des *phraſes*, ou de dire des choſes fines & neuves, l'entraîne à chaque inſtant dans des ſophiſmes & dans des contradictions.

Dans cet ouvrage intitulé *Obſervations ſur la Muſique, & principalement ſur la Métaphyſique de l'art*, l'Auteur borne aſſez plaiſamment à *quatre* les différens caractères de la Muſique, & ſes moyens à des *ſons liés*, à des *mouvemens ſans viteſſe*, à des *vibrations larges*, à des *brèves piquées*, à des *longues pointées*, à des *notes pointillées*, à un *archet toujours en l'air*, & *que la voix imite*, &c. c'eſt à-peu-près tout (1). Cette analyſe reſſemble un peu à la jouiſſance d'un homme qui n'apprécieroit ſes plaiſirs que par le nombre de pas qu'ils lui coûtent, ou, encore mieux, qui ne verroit dans un beau tableau que la toile, les couleurs & le châſſis. Mais paſſons.

Idée du ſavoir de M. de C.... en muſique.

» Une obſervation eſſentielle (2), continue-t-il, » & qui tient *au fond même de notre* DOCTRINE, » c'eſt que dans l'air *le plus expreſſif*, il y a preſque » toujours, je dirois même, il y a *néceſſairement* » des traits, des paſſages *contradictoires* avec le

(1) Ceux qui pourroient ſoupçonner de la mauvaiſe foi dans ce rapprochement, n'ont qu'à recourir à la page 73 des *Obſervations ſur la Muſique*; ils y trouveront tous les mots que je viens de citer, dans un ſeul *à linea* de quinze lignes, ſuivi de cette phraſe: *Tels ſont à peu près les moyens naturels que la Muſique emploie, & à l'aide deſquels elle produit ſur nous des ſenſations*; & cette théorie eſt le fondement principal de tout le ſyſtême de M. de C....

(2) *Obſervations ſur la Muſique*, page 74.

» caractère d'expreſſion qui doit y dominer. Citons » un exemple ; » & cet exemple eſt le premier verſet du *Stabat* de Pergolèſe.

Fineſſe & sûreté d'une obſervation de M. de C... ſur le *Stabat* de Pergolèſe.

» La muſique, dans le commencement, dé» ploie tous ſes moyens d'expreſſion. Le mouve» ment eſt *lent*, les ſons foibles & voilés ; ils ſe » traînent *lentement*, ils ſe *lient* : voilà l'expreſ» ſion bien *établie*. A la dixième meſure, tout » change : un *fortiſſimo* ſuccède au *piano* ; les » ſons qui rampoient obſcurément dans le bas du » *diapaſon*, (vous voyez, Monſieur, que l'Au» teur connoît les expreſſions techniques,) s'é» lèvent tout-à-coup, ſe renforcent *à l'excès*, &, » par une articulation *fière*, *détachée*, heurtent & » *contrediſent* ceux qui les ont précédés. » (1) Ici j'arrête l'obſervateur.

(1) Il eſt bon de remarquer que dans ce morceau, les ſons dont parle M. de C.... ne doivent être ni *renforcés à l'excès*, ni *fiers*, ni même *détachés* ; car le chant qu'ils forment eſt de tous les chants poſſibles le moins ſuſceptible d'être joué *ſtaccato*. Je n'ignore pas que dans pluſieurs concerts de Paris, on l'exécute comme le dit M. de C...., & qu'il peut bien l'avoir ainſi exécuté lui-même : mais qu'eſt-ce que cela prouve ? Rien, ſinon que ceux qui l'exécutent ainſi ne ſavent ni lire, ni comprendre la muſique. Quand le genre de jeu qu'il faut choiſir ne ſeroit pas d'ailleurs déterminé par le ſens général du chant, jamais le *sforzando* ne fut le *fortiſſimo*, le *détaché*, ni le *fier*.

N'a-t-il jamais vu un homme souffrant ? N'a-t-il pas remarqué qu'au milieu d'une suite d'accens sourds & plaintifs, il lui échappe par intervalles des cris perçans arrachés par la douleur qui redouble, & bientôt étouffés par l'abattement ? S'il a vu ce tableau, s'il a entendu ces plaintes, tantôt sourdes, tantôt aiguës, tantôt traînantes, & tantôt détachées, comment a-t-il pu écrire ce que je viens de citer ? J'ose assurer d'après cela, qu'il exécute mal sa partie de violon dans ce morceau de musique ; peut-on rendre ce qu'on ne comprend pas ? Mais reprenons la suite de son texte, & voyons ce qu'il en conclura.

Fonctions de la musique, suivant M. de C....

» D'où peut venir cette disparate ? De ce que » la *Musique*, par son *essence*, n'est point un art » d'*imitation ;* elle se *prête* à imiter autant qu'elle » le peut; mais cet office de *complaisance* ne peut » la *distraire des fonctions que sa nature lui im-* » *pose....* (1). » Voilà, Monsieur, vous le voyez, le pouvoir de la musique bien discuté. Je vous prie de remarquer ces mots d'*essence*, d'*imitation*, de *complaisance*, de *fonctions imposées par la nature ;* ils vont me servir tout à l'heure.

» Si la preuve de ce que j'avance, continue-t-il, » se trouve dans le premier couplet du *Stabat*, » si *beau*, si *expressif*, si court, & composé avec

(1) Page 75.

» deux ſeules idées ; *dans quel air Italien* cette » preuve ne ſe montrera-t-elle pas avec plus d'é» vidence encore (1) ? »

Tout cela, Monſieur, eſt *puiſſamment* raiſonné, & vous devinez dès à préſent où l'Auteur en veut venir. Vous vous doutez bien qu'il ira plus loin ; moi, je ſuis fâché que tant de beaux raiſonnemens ne portent que ſur une obſervation fauſſe : mais voici le coup de grace.

Syſtême dramatique de M. Gluck, exposé par M. de C...

» Maintenant, Lecteur, *quelque peu Muſicien* » *que vous ſoyez*, vous êtes en état de juger le » ſyſtême dramatique de M. Gluck. Vous con» cevez comment s'étant dévoué à l'expreſſion, » qu'il regarde avec raiſon comme le fondement » de toute illuſion théatrale, il ne ſe permet un » *air entier*, (2) que lorſque la ſituation permet

---

(1) Page 76.

(2) M. de C.... s'eſt ſouvenu qu'il y avoit dans les partitions de M. Gluck quelques *airs entiers*. En voulant ſe tirer de cet embarras, il eſt tombé dans un pire. Pourquoi n'a-t-il pas ſongé qu'à l'exception de l'air de *bravade* qui termine le 3e. acte de ſon *Iphigénie en Tauride*, & qui, placé comme il l'eſt dans la bouche de Pylade tremblant pour les jours de ſon ami, eſt auſſi faux qu'un chant de victoire dans la bouche d'un vaincu, à l'exception encore de l'air de *bravoure d'Orphée*, ſujet à l'anathême lancé contre tous les airs de ce genre, aucun des *airs entiers* qu'il s'eſt *permis* n'eſt dans une ſituation

» elle-même à la musique ces *écarts*, ces *vagues* » *erreurs* où se *complaît* la mélodie. Toutes les » fois qu'un chant périodique & suivi feroit lan- » guir l'action, & transformeroit l'Acteur en un » chanteur de pupitre, M. Gluck *coupe dans le* » *vif* cette mélodie commencée, & par un autre » mouvement ou par un simple récitatif, il remet » le chant à la suite de l'action, & le fait *courir* » *avec elle* (1). »

Conséquence singulière de ce systême.

Voilà, Monsieur, vos idées, ou, comme on s'exprime parmi vous, votre *doctrine* bien développée, & mieux exposée sans doute que vous n'avez su l'exposer vous-même. Je suis de bonne foi, vous devez en convenir. Mais il faut répondre, & M. de C.... m'en fournit tant de moyens, que je ne sais par où commencer. Avant d'entamer la question, je remarquerai d'abord une contradiction (2) assez plaisante dans ce

---

qui *permette* à la musique des *écarts* & de *vagues erreurs*? Je défie M. de C.... de m'en citer un seul qui soit dans ce cas. Et moi, s'il le desire, je lui en montrerai qui sont placés dans les momens les moins susceptibles des développemens de la mélodie.

(1) Page *ibid.* & 77.

(2) M. de C.... a prévu dans sa préface, page xv, qu'il seroit possible de trouver des contradictions dans son ouvrage. En conséquence, je le prie de remarquer que mes rapprochemens ne sont point insidieux, & que tout ce que j'ai cité de lui est contenu dans les cinq dernières pages de son neuvième chapitre.

grand étalage de ſcience. Si la *Muſique* n'eſt point *par ſon eſſence* un art d'*imitation*, ſi l'*office d'imiter* n'eſt pour elle qu'un *office de complaiſance*, ſi ſa *nature* lui *impoſe des fonctions* qui ne s'accordent pas avec celle-là, ſi c'eſt un art *inconſtant*, *indiſciplinable*, ſi l'imitation ne peut pas être *une* & marcher d'un pas *égal* à travers les *formes paſſagères & fugitives* de la *muſique*; ſi, d'un autre côté, M. Gluck s'eſt dévoué à l'expreſſion qu'il regarde, *avec raiſon*, comme le fondement de toute illuſion théatrale, qu'en faudra-t-il conclure ? Que la muſique de M. Gluck n'eſt pas de la muſique.

Souvent au plus groſſier menſonge
Se mêle un air de vérité.

La mélodie ne ſe complaît point dans les *écarts*.

Vous avez vu, Monſieur, comme M. de C.... ſait obſerver. Eſt-ce bien à un homme qui trouve de l'incohérence & de la contradiction dans le premier verſet du *Stabat* de Pergolèſe, qui ſait ſi mal lire & comprendre la muſique, à avancer en principe que la mélodie ſe *complaît* dans des *écarts* & dans de *vagues erreurs ?* Les oppoſitions muſicales ne doivent pas être des *écarts* & de *vagues erreurs*. Ecoutez les Maîtres ; ils vous diront tous *qu'un* AIR *doit être dans l'ame du Compoſiteur le réſultat d'une* SEULE *idée, d'un* SEUL *sentiment; que si l'idée du Poëme est complexe & nécessite deux, trois motifs, ces motifs doivent être liés ensemble, & tenir l'un à l'autre d'une manière indivisible.* Tel est le principe fondamental de la Mélopée Allemande & Italienne : voyez-vous là-dedans des *écarts* & de *vagues erreurs?* Quand on veut parler de la théorie des grands Maîtres, il faut d'abord la connoître; & il ne paroît pas que M. de C...., malgré sa *longue expérience*, ait beaucoup étudié ce qu'il combat.

Après avoir fait parler M. de C...., qu'il me soit permis d'exposer à mon tour quelques principes. Si je n'ai pas l'avantage d'écrire aussi bien & avec autant d'esprit que lui, j'aurai du moins celui d'être d'accord avec les principes & les exemples des grands Maîtres, & de ne pas mêler aux termes techniques de l'art dont nous parlons, un jargon scientifique qui ne fut jamais dans aucune Mélopée.

Dans les Arts, les moyens d'expression doivent être inséparables des moyens de plaire.

Le besoin d'*exprimer* ne peut dispenser les arts de la nécessité de *plaire;* & réciproquement, cette nécessité de *plaire* ne les affranchit pas du besoin d'*exprimer*. Mais si le plaisir & l'expression ne sont pas incompatibles, & doivent même être inséparables, quels sont les liens qui les unissent l'un à l'autre?

Ces liens sont les *formes* de l'art. C'est à l'aide de ces formes consacrées par le travail des grands

Maîtres, & par le suffrage des Nations *instruites*, qu'un art plaît & qu'il exprime. L'autorité d'un peuple chez qui cet art vient de s'introduire, & qui, n'ayant pas encore assez étudié ses propres sensations, est sans cesse exposé à prendre pour une volupté réelle le simple plaisir de la surprise & de la nouveauté, ne suffit pas pour en condamner l'usage. Mais, comme c'est pour ce peuple que j'écris, il faut du moins lui dire des choses qu'il entende, & ne pas le révolter d'avance par des comparaisons trop inégales de son goût avec celui de ses voisins.

Nécessité des formes, des proportions & des règles dans les Arts.

Que deviendroient les Arts, si on leur permettoit de séparer la beauté des *formes*, & l'énergie de l'*expression*? Le *Laocoon* seroit-il plus parfait, si, à travers les symptômes de la souffrance, la contraction des muscles, & tout ce qui peut peindre les mouvemens les plus horribles de la douleur extrême, on ne démêloit pas le charme des proportions, la beauté du faire & le choix de la belle nature? Mais cherchons un exemple moins vague que celui-là, & qui ait encore plus de rapport avec le véritable état de la question.

Certainement, les événemens qui font le sujet de nos Tragédies les plus touchantes ont ému violemment ceux qui y étoient personnellement intéressés; mais l'émotion qu'ils ont causée à ceux

ceux qui n'en étoient que les témoins, étoit bien plus foible & bien plus fugitive. L'éloignement des lieux & des temps l'a encore affoiblie, & l'aventure d'Œdipe, contée dans le plus grand détail, mais sans art, ne produiroit actuellement sur nous qu'une impression bien légère. Par quels moyens donc cette aventure mise au théâtre fait-elle autant, & peut-être plus d'effet sur des spectateurs François, qu'elle n'en fit autrefois dans Thèbes même ? Par les moyens de l'art, par l'observation de ces règles sévères que le génie n'a l'air de braver qu'en passant, & auxquelles il se hâte bientôt de rapporter son hommage. Ces règles sont connues. La Musique en a de pareilles; mais en France, on semble se faire une gloire de les méconnoître.

Formes, proportions, & régles propres à la Musique.

Dans les pays où la Musique, cultivée avec plus de soin & depuis plus long-temps, a fait aussi plus de progrès; l'instinct du génie a bientôt découvert que les moyens physiques d'expression dont elle peut disposer ne produisoient pas seuls tout l'effet qu'on auroit cru pouvoir en attendre. On s'apperçut, par exemple, que des *cris isolés*, quoique rendus par un orchestre, & accompagnés simultanément par leurs harmoniques, ne signifioient rien & n'en plaisoient pas davantage. On fut obligé de les préparer & de les *encadrer* dans des suites de sons qui en augmentâssent l'énergie, & qui, combinés avec eux, les rendîssent agréables; & c'est ainsi que la *phrase musicale* fut trouvée.

Phrase musicale.

Mais ce ne fut pas tout. Cette phrase musicale, qui, dans sa naissance, put être regardée comme le terme de l'art, parut bientôt aussi insuffisante que les sons isolés qui en avoient été le premier effort. On s'apperçut qu'une phrase qui ne tenoit à rien, ne produisoit qu'un effet léger & fugitif; qu'elle avoit besoin d'être unie à une suite de phrases qui eûssent avec elle des rapports de durée, de couleur, d'opposition même; que les parties d'un *chant* (car ce ne fut qu'alors qu'on sentit toute la force de ce mot) devoient avoir entre elles des proportions; que ce chant, pour produire toute l'impression qu'il étoit susceptible de produire, devoit être complet, c'est-à-dire, avoir un certain développement; & alors furent créées ces formes que l'on ose en France appeler des *madrigaux* & des *chants de pupitre*.

Période musicale.

Oui, Monsieur, pour plaire & pour *exprimer* à-la-fois, la mélodie a besoin d'un certain développement : toute l'Europe vous le dira, & la théorie des autres arts, que vous connoissez peut-être mieux, viendra encore à l'appui de ce principe essentiel. Si un *homme de génie*, un *grand homme* (probablement vous lui donneriez ce nom) s'avisoit de penser que les développe-

Comparaison des règles de la Tragédie avec celles de la Musique.

mens & les *tirades* (1) font languir l'action d'une Tragédie, que les règles de style, établies depuis trois mille ans, & consacrées par les Anciens & les Modernes, sont des ornemens frivoles & indignes de la majesté du théatre, que la liaison des idées & le charme des détails ne font rien à l'ensemble, & même lui nuisent; si, d'après ces idées hardies, ce *génie créateur* faisoit une Tragédie composée seulement de situations, dont chaque scène ne contînt que des mots détachés, sans ordre & sans liaison; que ces situations & ces mots se suivissent comme les verres colorés d'une lanterne magique; que le besoin, selon lui, de ne point arrêter l'action ne lui permît pas un discours suivi, pas une transition, pas une nuance, & l'obligeât à changer à chaque instant de style, de genre & de caractère; cet ouvrage pourroit paroître sublime à des peuples qui n'auroient pas encore vu la douleur sur la scène, qui, accoutumés depuis long-temps à des spectacles de foire

(1) L'Auteur de la réponse à Mélophile a comparé les airs à des madrigaux & à des tirades. Il a pris le mot *tirades* dans le sens fâcheux qu'on lui donne quelquefois. Pour moi, je le prends dans le même sens qu'on dit les *belles tirades* de Racine; rien ne ressemble plus à l'*air* que ces tirades, & rien ne lui ressemble moins que des madrigaux.

ou d'un autre genre, auroient ignoré jusques-là que la Poésie dramatique pouvoit s'élever aux grandes passions. Mais les nations qui auroient déja leurs Racines & leurs Voltaires riroient de cet enthousiasme, autant que du squelette informe que cette nation voudroit préférer aux vraies beautés de l'art. C'est le sort de ceux qui pensent comme vous, Monsieur; l'Allemagne même (1) s'étonne de leur fanatisme; elle rit de voir qu'un genre concentré dans un seul homme, contraire à tous les exemples, à tous les principes, soit mis en France au dessus de tout ce qu'il est possible de faire, & que l'anéantissement de l'art en soit regardé comme le *nec plus ultrà*.

Réponse à une Objection.

Mais, me direz-vous, Monsieur, quel besoin la Poésie a-t-elle de ces développemens? Le mot seul *qui te l'a dit?* d'Hermione, le *qu'il mourût* d'Horace, le *Barbare, il est mon fils* de Mérope, ces mots *isolés* ne suffisent-ils pas pour frapper? Oui, Monsieur, ils frapperont ceux qui auront vu la pièce, & à qui ces mots rappelleront ce qui les accompagne; leur effet dépend donc de cet accompagnement; mais, sans lui, sans leur *cadre*, sans leur développement, ils n'auront aucun sens pour ceux qui ne les auront pas entendus au théatre.

(1) Voyez les Journaux Allemands.

Ici je m'apperçois que je pourrois me nuire à moi-même. L'habitude que vous avez de tordre les expressions, d'altérer les passages, pourroit vous donner les moyens de rétorquer ce que je viens de dire. Expliquons-nous plus clairement encore.

Si le *génie créateur* dont je parlois il y a un instant, avoit à traiter une situation pareille à celle de Burrhus dans la scène 3e. du 4e. acte de *Britannicus*, ne pourroit-il pas se dire à lui-même: *Qu'ai-je besoin de mettre dans la bouche de Burrhus une tirade de 53 vers qui fera languir mon action? Qu'il dise simplement à Néron* :

Vertueux jusqu'ici, vous pouvez toujours l'être;
Mais, si de vos flatteurs vous suivez la maxime,
Il vous faudra, Seigneur, courir de crime en crime.
Britannicus mourant excitera le zèle
De ses amis tout prêts à venger sa querelle.
Quel plaisir de penser & de dire en vous-même:
Par-tout en ce moment on me bénit, on m'aime!
Tels étoient vos plaisirs. Quel changement, ô Dieux!
Non, ou vous me croirez, ou bien de ce malheur
Ma mort m'épargnera la vue & la douleur.
Mais je vois que mes pleurs touchent mon Empereur;
Je vois que sa vertu frémit de leur fureur.
Appellez votre frère, oubliez dans ses bras.....

Burrhus, continueroit de se dire *le génie créateur*,

aura dit tout ce que dit Racine, & *ne sera point déclamateur : loin de s'arrêter à ces développemens qui font languir l'action, il ne dira que ce qu'il faut dire ; ces déclamations, une fois* coupées dans le vif, *mon style* courra *comme le sujet.* Et quel effet, je vous le demande, produiroit sur des spectateurs exercés ce discours sublime ainsi mutilé (1) ?

---

(1) Que fait le Musicien lorsqu'il compose un *air ?* Un sentiment principal le frappe dans le Poëme ; il s'en pénètre, & son génie lui inspire à l'instant un motif énergique & propre à rendre ce sentiment principal. Il se remplit de ce motif, & bientôt la sensibilité l'entraîne. Semblable à l'Orateur qui ne quitte son moyen victorieux, que lorsqu'il en a tiré toutes les preuves dont il a besoin, il retourne ce *motif*, le ramène, le fait moduler, en varie, en renforce l'effet, établit entre ses accessoires & lui des rapports qui ajoutent encore à son énergie, & ne l'abandonne qu'au moment où *l'instinct de la sensibilité* l'avertit qu'un homme qui seroit là à l'écouter en seroit aussi pénétré que lui. Que faisoit Racine en composant cette tirade ? La même chose absolument que notre compositeur ; &, pour le prouver, transcrivons tout ce discours de Burrhus :

> *C'est à vous à choisir, vous êtes encor maître :*
> Vertueux jusqu'ici, vous pouvez toujours l'être :
> *Le chemin est tracé, rien ne vous retient plus ;*
> *Vous n'avez qu'à marcher de vertus en vertus.*

Ces mêmes vérités que vous méconnoissez en musique existent donc par-tout ; & , vouloir les renverser, c'est anéantir tout à-la-fois dans les

---

Mais si de vos flatteurs vous suivez la maxime,
Il vous faudra, Seigneur, courir de crime en crime,
Soutenir vos rigueurs par d'autres cruautés,
Et laver dans le sang vos bras ensanglantés.
Britannicus mourant excitera le zèle
De ses amis tout prêts à venger sa querelle ;
Ces vengeurs trouveront de nouveaux défenseurs
Qui même après leur mort auront des successeurs.
Vous allumez un feu qui ne pourra s'éteindre.
Craint de tout l'univers, il vous faudra tout craindre,
Toujours punir, toujours trembler dans vos projets,
Et pour vos ennemis compter tous vos sujets.
Ah! de vos premiers ans l'heureuse expérience
Vous fait-elle, Seigneur, haïr votre innocence?
Songez-vous au bonheur qui les a signalés ?
Dans quel repos, ô ciel! les avez-vous coulés?
Quel plaisir de penser & de dire en vous-même:
Par-tout en ce moment, on me bénit, on m'aime.
On ne voit plus ce peuple à mon nom s'alarmer,
Le ciel dans tous leurs pleurs ne m'entend plus nommer,
Leur sombre inimitié ne fuit point mon visage,
Je vois voler par-tout les cœurs à mon passage.
Tels étoient vos plaisirs. Quel changement, ô Dieux!
Le sang le plus abject vous étoit précieux.

Arts & le plaisir qu'ils causent, & l'expression dont ils sont susceptibles. Oui, Monsieur, l'expression est nécessaire au théatre; mais cette ex-

---

Un jour, il m'en souvient, le Sénat équitable
Vous pressoit de souscrire à la mort d'un coupable:
Vous résistiez, Seigneur, à leur sévérité;
Votre cœur s'accusoit de trop de cruauté;
Et plaignant les malheurs attachés à l'empire,
Je voudrois, disiez-vous, ne savoir pas écrire.
Non; ou vous me croirez, ou bien de ce malheur
Ma mort m'épargnera la vue & la douleur;
On ne me verra point survivre à votre gloire,
Si vous allez commettre une action si noire.
Me voilà prêt, Seigneur; avant que de partir,
Faites percer ce cœur qui n'y peut consentir.
Appelez les cruels qui vous l'ont inspirée,
Qu'ils viennent essayer leur main mal assurée....
Mais je vois que mes pleurs touchent mon Empereur,
Je vois que sa vertu frémit de leur fureur.
Ne perdez point de temps, nommez-moi les perfides
Qui vous osent donner ces conseils parricides.
Appelez votre frère, oubliez dans ses bras....

NÉRON.

Ah! que demandez vous?

BURRHUS.

Non, il ne vous hait pas, &c.

Les vers que j'avois omis ne sont, comme on peut le voir,

preſſion a ſes règles. Si vous ne les obſervez pas, l'expreſſion ſera manquée. Ces traits paſſagers & incohérens ne laiſſeront rien dans l'ame ; &, ſi elle n'eſt ſoutenue par des acceſſoires, tels que la ſurpriſe de la nouveauté, la pantomime, *l'intérêt du poëme*, vos prétendus chefs-d'œuvre auront le ſort d'*Echo & Narciſſe*, & de tous les ouvrages qui, compoſés dans vos principes, ne ſeront pas ſecondés par ces moyens étrangers.

Néceſſité des formes pour l'expreſſion muſicale.

Oui, Monſieur, un Muſicien ne doit aban-

---

que le développement de ceux que j'ai cités ; mais quelle énergie ne leur ajoutent-ils pas ? Si, dans des cas pareils, les Poëtes & les Compoſiteurs ne font qu'obéir à la nature & ſont entraînés par le ſentiment, quel eſt donc le pouvoir qui dirige M. Gluck ? Ou bien il n'a pas de ſenſibilité, & alors il n'eſt pas étonnant qu'il ait dans ces momens aſſez d'empire ſur lui-même pour s'arrêter à ſon gré : ou bien il en a, & alors il eſt inconcevable que les vaines idées d'un ſyſtême fantaſtique l'emportent dans ſon ame ſur les mouvemens les plus vifs des paſſions, & ſur l'indomptable beſoin d'exprimer tout ce qu'il ſent.

Au reſte, le rapport entre le diſcours mutilé de Burrhus & la muſique de M. Gluck, eſt frappant. Ce ſont des vers ſans doute, comme ſa muſique eſt de la muſique : ils n'ont pas de rimes, pas de graces, pas de tranſitions ; ſa mélodie n'a ni proportions, ni liaiſon, ni deſſin. La nature eſt par-tout la même ; pourquoi lui & ſes admirateurs s'efforcent-ils de la méconnoître & d'y réſiſter ?

donner une idée, un ſentiment, une image, que lorſqu'il eſt sûr d'avoir fait tout ce qu'il faut pour qu'ils produiſent une impreſſion profonde (1). Les obſervations ſuivies des grands Maîtres de l'Allemagne & de l'Italie leur ont appris qu'il ne ſuffiſoit pas de quelques meſures pour y réuſſir, & que, ſi l'expreſſion ſans développemens eſt nulle, ſi, d'un autre côté, l'expreſſion eſt eſſentielle au théatre, tout homme qui négligera ces moyens conſacrés, n'aura pas fait de la *Muſique Théatrale.* (2) Vouloir que le muſicien *dramatique* s'interdiſe les développemens & les graces de ſon art, vouloir qu'il *coupe* ſes motifs, qu'il en change ſans liaiſon & ſans adouciſſement, qu'il ſuive *à la piſte*, non le ſens, mais les mots de ſon poëme ; oublier que la Muſique a beſoin, pour *exprimer* autant que pour plaire, de proportions & de rapports ; regarder enfin le *chant* comme propre au concert, mais comme

(1) Que l'on me pardonne mes redites éternelles ; elles deviennent néceſſaires avec les gens que je combats. Ils ſavent ſi bien répéter toujours la même choſe, raſſaſier, excéder leurs lecteurs de cinq ou ſix formules conſacrées dans leur catéchiſme ! ce qu'ils ſe permettent pour leur *doctrine* me ſeroit-il défendu pour ma *manière de ſentir?*

(2) Je demande pardon à M. de C... d'avoir oſé hazarder cette conſéquence *hardie*, mais qu'il ſuive mes raiſons, & il s'appercevra lui-même qu'il faut en venir là.

incompatible avec l'effet théatral ; c'eſt interdire au Poëte dramatique la liaiſon des idées, la magie du ſtyle & l'harmonie des beaux vers ; c'eſt prétendre que les vers de Racine ne ſont bons que dans une ſéance d'Académie.

Airs de bravoure, airs mal placés par le Poëte.

N'allez pas ici, Monſieur, nous citer des airs de bravoure, des airs mal placés par le Poëte (1) ; ce ſeroit agir de mauvaiſe foi. On ſait en Italie,

(1) Une Tragédie ne ſe fait pas toute en *tirades*, comme un Opéra ne ſe fait pas tout avec des *airs*. Mais il faut des *airs* à un Opéra, comme il faut des tirades à une Tragédie. C'eſt même la diſpoſition de ces *airs* dans la ſcène qui détermine abſolument l'enſemble muſical. Le Poëte lyrique doit en être perſuadé. Il doit ſavoir que c'eſt dans les *airs* que réſident les plus grandes reſſources de la Muſique ; il doit ſavoir que ſi le récitatif obligé *peint* des idées ſucceſſives, il n'y a réellement que l'air qui *exprime* l'enſemble, & qui achève de graver profondément dans l'ame du ſpectateur les ſentimens que le récitatif obligé le plus ſublime n'avoit fait que décrire. En muſique, un *air* eſt au récitatif qui l'annonce, ce que dans la Tragédie les développemens ſont à la ſituation qui les renferme. C'eſt de ces développemens que dépend tout l'effet de cette ſituation ; c'eſt des *airs* que dépend tout l'effet de la ſcène muſicale. Ils ſervent en quelque manière de points d'époque pour l'ame du ſpectateur, & marquent de la manière la plus ſenſible les ſentimens principaux de l'action. Rien n'eſt donc plus eſſentiel pour la marche théatrale, que l'heureuſe diſpoſition des *airs*. Un *air* mal placé peut ſe comparer au récit ſublime, mais

comme en France, que ces bluettes sont un abus; & on ne les tolère que parce que la disette de bons Acteurs a forcé de regarder les Chanteurs comme des instrumens qui ont besoin de concertos pour briller. Citez-nous plutôt les airs pathétiques des grands Maîtres. Citez-nous le *Confusa*

Airs pathétiques & bien placés.

---

déplacé, de Théramène au 5e. acte de *Phèdre*. Mais j'ose assurer qu'il n'est pas de scène où l'on ne puisse introduire un *air* de la manière la plus avantageuse à l'effet théatral. Il n'en est pas en effet où l'on ne puisse mettre un personnage dans le besoin de répandre au dehors la passion qui le tourmente, de chercher à toucher ou à convaincre son interlocuteur. Voilà la place de l'*air*. Une observation essentielle, c'est que le Poëte lyrique n'a pas tout fait quand il a placé des *airs* dans son ouvrage. Il faut qu'il songe à la manière dont ils se lieront avec les autres formes musicales qu'il doit ménager au Compositeur; il faut qu'il établisse entre ces différens *airs* une variété & des rapports que la science seule de la Musique peut le mettre en état de prévoir. Il faut.... mais ce n'est pas ici la place d'un traité complet du Drame lyrique. D'après cela, on voit combien la connoissance profonde des ressources de la Musique est essentielle au Poëte qui travaille pour l'Opéra. D'après cela, il faut avouer que l'Administration de l'Académie royale de Musique a très-bien fait d'avoir un examinateur des Poëmes qui lui seroient présentés; mais il est singulier peut-être qu'elle ait choisi pour remplir cette fonction un homme de beaucoup d'esprit assurément, mais qui n'a jamais fait un vers, & qui ne sait pas une note.

ſmarrita de Jomelli, placé dans le moment où *Marzia* balance entre Caton ſon père & Céſar ſon amant; citez-nous le *Se il ciel mi divide* de M. Piccinni, le *Miſero pargoletto* de Paëſiello, le *Il mio dolor vedete* de Sacchini, & dix mille autres auſſi bien placés par le Poëte, & auſſi bien traités par le Muſicien que ceux-là; prouvez qu'ils ne ſont pas *dramatiques*, & alors on pourra vous croire, ſi toutefois les larmes qu'ils feront verſer permettent de vous entendre.

Effet d'une muſique ſans développement ſur un peuple dont le goût n'eſt pas formé.

J'ai dit, Monſieur, que le mépris des règles les plus ſacrées pouvoit réuſſir chez un peuple qui n'en ſentoit pas encore la néceſſité, lorſqu'il étoit ſecondé par la nouveauté, par le poëme, par la pantomime, & ſur-tout par les conjurations d'un parti nombreux, opiniâtre, infatigable. Je crois n'avoir pas autre choſe à répondre à vos calculs de recette (1), à vos *ſenſations*, & à tous vos

(1) Il viendra un temps, & ce temps n'eſt pas éloigné, où ces calculs de recette nous ſerviront plus qu'ils n'ont ſervi les partiſans de M. Gluck. La nation s'éclaire peu-à-peu. Inſenſiblement ſes *ſenſations* deviennent plus diſtinctes & plus ſûres. La maigre recette que viennent de produire deux repréſentations de l'*Iphigénie en Tauride* de M. Gluck, dont une étoit de capitation; la foule qui étoit le vendredi ſuivant à celle de M. Piccinni, remiſe au théatre *de la manière la plus imprévue*, la continuité & l'univer-

argumens de ce genre. Tout cela ne fait rien à la question, & le ſuccès prodigieux du *Seigneur Bienfaiſant*, dont certainement la muſique n'eſt pas *théatrale*, & que la magie du ſpectacle & la belle exécution de la pantomime ont fait réuſſir *plus qu'aucun des beaux drames de M. Gluck*, détruit abſolument, & mieux que je ne pourrois le faire, le fondement unique de vos *jactances* éternelles. N'employez donc plus ces miſérables défenſes; elles ceſſeront de vous ſervir dès que le bandeau que vous cherchez à affermir ſur les yeux du public ſera levé, dès que les obſtacles que vous vous efforcez d'oppoſer aux progrès de l'art ſeront renverſés: c'eſt l'affaire du temps & des Maîtres que vos injures ou vos déclamations n'auront pas dégoûtés de travailler à nos plaiſirs.

La muſique qui ne produit pas d'effet au concert, ne peut en produire *par elle-même* au théatre.

Ces airs, Monſieur, que vous reléguez au concert, ſont-ils au concert même dépourvus d'expreſſion? Vous qui n'avez encore entendu qu'au concert ceux que je citois tout-à-l'heure, oſerez-vous dire que vous n'y avez trouvé que du chant, & qu'ils n'expriment en aucune manière le ſentiment des paroles? Si vous avez la bonne foi

---

ſalité des applaudiſſemens qu'elle a reçus, ſont des événemens que mes adverſaires expliqueront comme ils pourront.

d'avouer leur énergie au concert, pourquoi voulez-vous qu'ils en aient moins au théatre? Pourquoi voulez-vous qu'un moyen de plus détruise l'illusion loin de la redoubler, & que ce qui vous a touché lorsqu'un Chanteur le rendoit les yeux sur des notes, & placé au milieu d'un orchestre, ne vous touche plus, lorsque les accens de la musique seront secondés par des gestes expressifs, par des larmes réelles, par l'accessoire de la décoration, des situations, & de tous les moyens connus au théatre?

Si vous convenez que cette musique que vous appelez *théatrale*, n'est bonne que sur la scène; vous aurez beau ajouter que son insuffisance au concert est une preuve qu'elle n'est faite que pour le théatre, & que le succès de la musique chantante au concert est la cause de sa froideur sur la scène, tout cela ne sera qu'une fausseté ridicule. Il me semble bien plus naturel, bien plus conséquent de soupçonner que cette musique, dont on ne retrouve plus l'*effet* hors de la scène, ne devoit son effet qu'à la scène, & qu'elle est dès-lors plus exposée qu'une autre à souffrir de la maladresse du Poëte & du vice des sujets.

Le concert est la meilleure épreuve de la musique dramatique.

Mais il y a plus. Si vous étiez de bonne foi & plus instruit que vous ne l'êtes, peut-être penseriez-vous que le concert est la meilleure épreuve qu'on puisse faire subir à la musique théatrale. Le rapport de l'effet d'une musique expressive entendue au concert, comparé à celui de cette même musique entendue au théatre, peut s'apprécier; supposons-le de *un* à *deux*. Si cette musique fait verser dix larmes au concert, elle en fera verser vingt sur la scène, lorsqu'elle sera bien *rendue* & bien *écoutée;* mais quel effet produira celle qui n'en aura point produit au concert, qui même aura excité ou le rire ou la pitié?

Revenez à la vérité, Monsieur, de peur d'essuyer, avec ceux qui pensent comme vous, la honte d'y revenir les derniers, & d'être regardés comme ses ennemis par systême & avec connoissance de cause. Essayez de jouir un moment sans prévention, écoutez tout, n'excluez rien, meublez-vous la tête, formez-vous l'oreille (1), ne vous fatiguez plus de ces comparai-

(1) La fureur de juger les choses mêmes que l'on ne connoît pas, ou que l'on n'a pas assez approfondies, donne lieu en France aux idées les plus singulières. J'ai entendu dire à un homme de beaucoup d'esprit que ce n'étoit ni par les artistes, ni par les amateurs éclairés, qu'un art pouvoit être convenablement jugé, mais par les ignorans qui peuvent seuls être exempts des préjugés de métier, d'amour-propre, ou de systême. Cette assertion suffit pour donner une idée de toutes celles de ce genre qu'on se permet tous les jours. Quant à moi, il me semble que les arts, & sur-tout la Musique, sont des langues réelles,

sons

ſons qui vous paroiſſent offenſantes, & voici à-peu-près ce que vous parviendrez à penſer.

Le poëme fait beaucoup à la muſique, & c'eſt

En quoi le Muſicien peut contribuer à l'enſemble général.

---

qui ont beſoin, comme les autres langues, d'être appriſes & exercées pour être entendues & ſenties. Cette idée ſur le rapport des arts avec les langues, a des développemens ſinguliers. L'*expreſſion* d'une langue tient très-peu à l'*imitation.* Il n'eſt pas de langue, il eſt vrai, qui ne renferme des *onomatopées*, mais ces *onomatopées* ſont bornées & en petit nombre. Qu'au milieu d'un diſcours dans ſa langue, un François faſſe entendre les mots *tonnerre*, *fureur*, *tremblement*, *fracas;* le ſon ſeul de ces mots pourra réveiller dans l'ame même d'un auditeur qui ne ſauroit pas un mot de françois, quelque choſe d'analogue aux idées qu'ils expriment; mais cet auditeur n'entendra pas le reſte, & ſi malheureuſement ce diſcours ne contient aucun de ces mots ſimplement imitatifs, la phraſe la plus expreſſive n'aura aucun ſens pour lui. La muſique a de même des *onomatopées* que tout le monde peut entendre; elle rendra, par exemple, des cris par des ſons aigus, des plaintes par des notes bémoliſées, &c. &c. mais ces imitations ſont de même genres que les *onomatopées* des langues, & ne ſont guère plus utiles à l'expreſſion totale. Il peut très-bien arriver que la muſique la moins expreſſive ſoit celle qui contiendra le plus de ces imitations. Il eſt poſſible qu'un artiſte qui veut réuſſir, travaillant chez un peuple qui n'eſt pas inſtruit, affecte de les accumuler & de n'employer qu'elles. Qu'arrivera-t-il alors? Cette prétendue muſique produira tout-à-la-fois deux effets contraires. Ce peuple, ſurpris de trouver dans une langue étrangère des *mots* qu'il peut comprendre, ſe livrera rapidement à

de sa disposition que dépend uniquement l'ensemble général du spectacle (1). L'office du Musicien relativement à cet ensemble est plus borné que vous ne pensez. Qu'il rende suffisamment, avec la couleur & l'énergie convenable, chaque détail du poëme, qu'il n'abandonne chaque pensée,

---

une admiration fondée sur l'amour-propre. D'autre part, les gens qui connoîtront cette langue, n'appercevant que des *mots* détachés, accumulés sans discernement, & unis à des idées incohérentes ou bizarres, ne comprendront rien ni à l'admiration de ce peuple, ni à ce que ce peuple aura admiré.

Il faut au reste distinguer dans la musique deux espèces d'*onomatopée* ou d'*imitation*, l'imitation *physique*, & l'imitation *déclamatoire*. Que dans cette phrase, *Je pousserois des cris que tu n'entendrois pas*, le musicien s'avise de placer sur ce mot *cris* un son plus aigus que les autres, il n'aura produit qu'une imitation *physique;* c'est ce que l'on a plusieurs fois appellé l'*expression du mot*, & ce genre d'expression est si borné, qu'à peine mérite-t-il qu'on le recherche. L'imitation *déclamatoire* est bien différente : que dans cette autre phrase : *Je perds ce que j'aime*, le musicien élève la voix sur le mot *perds*, il aura produit une *imitation déclamatoire.* Ce genre d'imitation donne autant de ressources que l'autre en offre peu. Il est dans la nature, & il est de plus infiniment susceptible de se combiner avec les formes de l'art, sans les altérer ni les contraindre. C'est vraiment ce qu'on peut appeller l'*expression de la chose*, & c'est la seule qu'un artiste doive rechercher.

(1) Voyez la note de la page 27.

chaque ſentiment, chaque image, qu'après les avoir mis à portée de faire tout leur effet, mais qu'il n'outre rien ; qu'il obſerve les nuances, les gradations, les oppoſitions que le Poëte lui aura ménagées ; voilà tout ce qu'il a à faire. Tout ce qu'on peut ſuppoſer au-delà, c'eſt qu'il lui eſt poſſible, dans quelques occaſions, de ſuppléer par les reſſources de ſon art aux nuances que le Poëte auroit oublié d'indiquer, de fondre ou de renforcer celles qu'il auroit rendues trop tranchantes ou trop foibles. Mais dans ces cas même, il ne doit pas encore trop s'écarter du poëme : il ne doit pas ceſſer d'y être fidèle ; &, pour qu'il n'y ait pas d'incohérence entre ſon poëme & ſa muſique, il faut qu'il s'efforce, autant qu'il eſt en lui, de conſerver le *parallèliſme* d'expreſſion qui doit ſe trouver continuellement entre la muſique & les paroles.

Voila, Monſieur, tous les principes propres à la muſique *théatrale ;* elle n'en a pas d'autres, & c'eſt tout ce que le Muſicien peut faire pour contribuer à l'enſemble. S'il eſt prouvé que chaque morceau *iſolé* d'un Opéra a la couleur, l'énergie & le chant propres à la ſituation, que les divers morceaux de cet Opéra, rapprochés les uns des autres, ont les rapports d'*expreſſion* convenables, il ſera prouvé que les défauts d'enſemble, s'il y en a, viennent du Poëte. S'il eſt prouvé au contraire que tel morceau de musique est sans énergie, sans noblesse & sans graces, que tel morceau, placé dans une situation principale, a moins d'effet & d'*appareil musical*, que tel autre placé dans une situation secondaire, il sera prouvé alors que les défauts d'ensemble viennent du Musicien. Essayons de soumettre tour-à-tour à cet examen les ouvrages que vous admirez & ceux que je défends; & j'ose vous répondre que vous ne serez pas satisfait du résultat de cette épreuve.

Défiez-vous donc une bonne fois, Monsieur, de ceux qui vous disent, ou qui vous font dire, que les procédés du chant sont contraires à l'illusion théatrale. Tout ce qui touche est propre au théatre, & il n'y a que le chant qui puisse toucher des auditeurs sans prévention. En voulez-vous être convaincu? Quels sont dans les ouvrages de M. Gluck les morceaux qui ont obtenu le succès le plus *général*, je ne dirai pas dans l'Europe, mais à Paris? Ce sont les *adieux* d'*Iphigénie*, ce sont le rondeau, la romance & le duo d'*Orphée*, c'est le duo d'*Armide*, c'est l'air d'*Alceste*, *Je n'ai jamais chéri la vie*, & quelques autres, en petit nombre. Ce sont les seuls morceaux de lui qu'on ose porter au concert : direz-vous qu'ils ne valent rien au théatre?

J'ai l'honneur d'être, &c.

www.ingramcontent.com/pod-product-compliance
Lightning Source LLC
LaVergne TN
LVHW012018160826
845678LV00002B/908
9782329660967